遇危不慌

刘义军 著
宫铭晗 绘

企业管理出版社

图书在版编目(CIP)数据

遇危不慌 / 刘义军著；宫铭晗绘. -- 北京：企业管理出版社，2024.11. -- ISBN 978-7-5164-3183-2

Ⅰ.C93-49

中国国家版本馆CIP数据核字第2024HD5234号

书　　　名：	遇危不慌
书　　　号：	ISBN 978-7-5164-3183-2
作　　　者：	刘义军
绘　　　者：	宫铭晗
策　　　划：	张　丽
责任编辑：	张　丽
出版发行：	企业管理出版社
经　　　销：	新华书店
地　　　址：	北京市海淀区紫竹院南路17号　邮　编：100048
网　　　址：	http://www.emph.cn　电子信箱：lilizhj@163.com
电　　　话：	编辑部18610212422　发行部（010）68417763　68414644
印　　　刷：	北京亿友数字印刷有限公司
版　　　次：	2024年11月第1版
印　　　次：	2024年11月第1次印刷
开　　　本：	880mm×1230mm　1/32
印　　　张：	3.25
字　　　数：	50千字
定　　　价：	58.00元

版权所有　翻印必究　·　印装有误　负责调换

致　谢

感谢崔斌先生对《遇危不慌》一书中插图与文字做的精彩点评，为《遇危不慌》一书增色良多！

目 录

序　　　　　　　　　　　1

我的故事　　　　　　　1

角色自述　　　　　　79

后记　　　　　　　　87

序

《遇危不慌》讲述的是我曾经经历的一个故事，虽然事情已过去了二十年，但它依然深深地印在我的脑海里，至今仍然清晰。而促使我把这个故事写成书的原因之一，与我读了斯宾塞·约翰逊的续作《谁动了我的奶酪2》这本书有关。在这本书中，他续写了"奶酪"的故事，留下了应对"黑天鹅"事件的破局之法。他的《谁动了我的奶酪》和阿尔伯特·哈伯德的《把信送给加西亚》都曾经成为很多国内企业推荐的员工必读书。为什么？原因很简单，就是希望员工在工作中，要具有危机意识和应变能力，积极进取，追求卓越。

时光飞逝，国外的月亮并不是格外圆。随着中国经济的高速发展，国内企业也度过了草创和经验管理时期，大部分企业已经进入了制度化管理时代。相对而言，企业与个人，在互联网时代，在自媒体火爆的当下，需要与时俱进，用新的思维，在面临危机时做好筹划及应对。面对危机时保持冷静、勇于承担责任，在分析之后，挺身而出，寻找解决之道，化危机为生机，这才是可靠的处理方案。

我讲的虽然是自己的一个故事，但举一反三，推己及人，我们就可以找到危机发生的规律。也正因为如此，应对危机的良策，就是时刻保持战战兢兢、如履薄冰的心态，来面对每一个日常。

危机可怕吗？

危机并不可怕，可怕的是危机发生初期时漠不关心和错失解决危机的最佳时间。在危机初期的拖延，会让很多人错失解决危机的良机，导致危机如雪球一样，越滚越大，直至爆雷！

面对危机，关键是要在冷静、客观的视角中，找到合适的、及时的应对之道，这才是解决危机的开始。解决

遇·危·不·慌

危机千万不要把面子问题看得过重，毕竟，面子不能当饭吃。该低头认错就低头认错，这才是解决危机的态度之一。

难道解决危机只有"低三下四"吗？

当然不是！凡是危机的发生，必然是由失误、错误引起的，所以解决危机的前提是态度。态度有了，才谈得上解决危机的方式、方法与执行力度。更为重要的是，在解决危机的过程中，要时刻关注危机的导向与态势，及时调整解决危机的应对策略。

我的故事很短小，但犹如麻雀，五脏俱全。危机亦是如此，您看了会从中获得启迪吗？

刘义军

2024年8月

我的故事

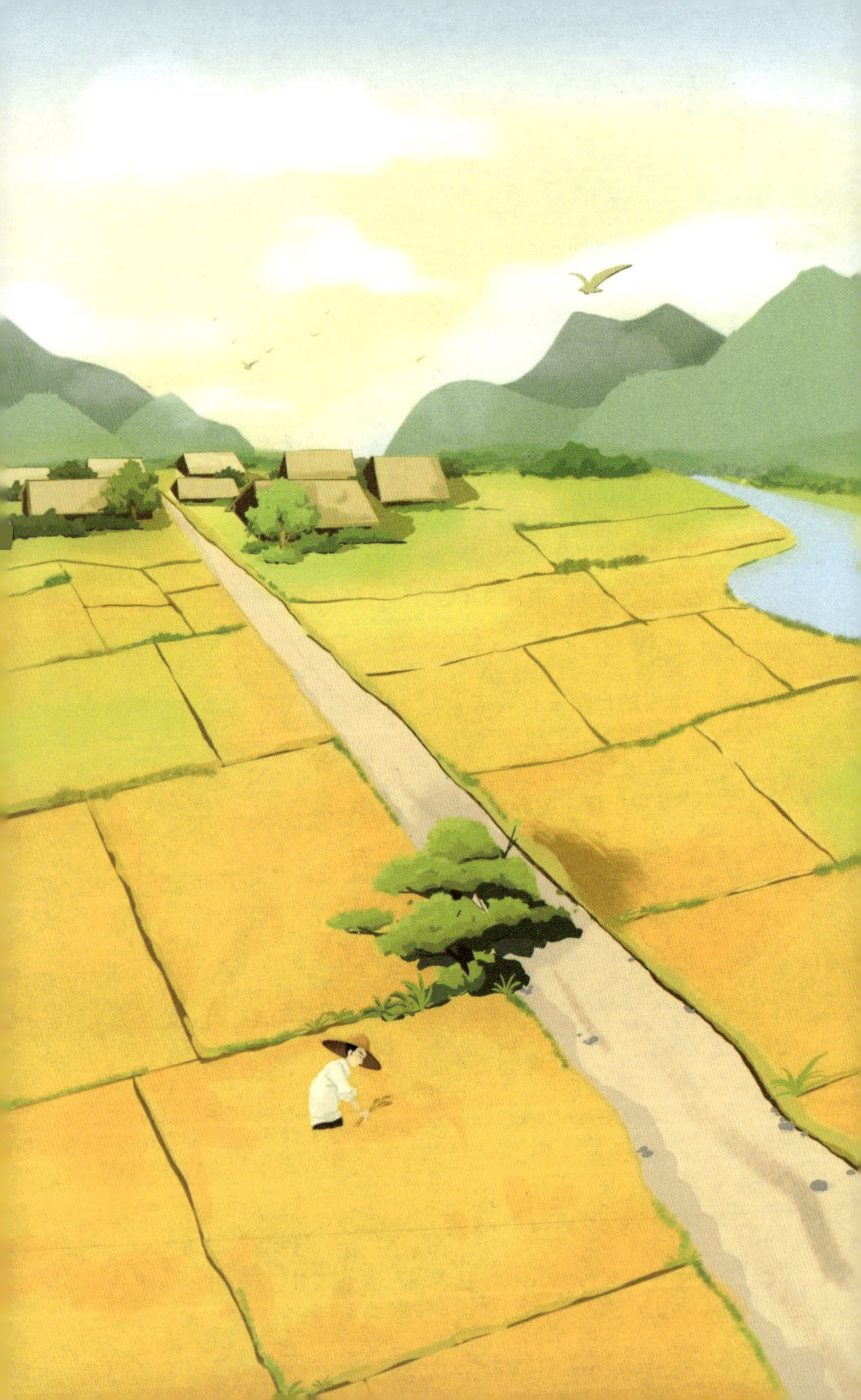

遇·危·不·慌

我是一个农村的孩子,家住在鲁中平原东北部的一个村子里。我们这里种植的农作物,大部分以小麦、玉米为主,处在传统的农耕经济时代。

就拿种植小麦来说,我们这里是在秋收以后,也就是在寒露前后播种小麦,来年的阳历六月上旬才是小麦的收获时间。

小麦的产量主要取决于土壤的肥沃程度、种子的好坏,以及气候因素。播种前,我们给土地施基肥(别名底肥),补充土壤中的养分;春节后,我们要再给小麦施一次肥(追肥),使小麦拔节、开花、鼓粒的生殖生长有足够的肥力。

小麦从播种到收获,如果风调雨顺,我们可能浇一次水就够了。如果遇到干旱的年景,则需要浇四五次水。

如果你认为到这里就可以有好收成了,那你就错了。小麦从种到收,一年收成的好坏,还要看小麦收获期间的情况。比如说天气情况,比如说收割有无遗漏,比如说晾晒时有无遇到雨天,等等,这是由好多因素决定的。

收获就是利益，有利益就有风险

对农民来说，每年的收成就是他的收益。对经营者来说，每一单的收入就是他的收益。如果农民的收益点是以生长季来计算的话，每年可能就只有那么几次。太多的经营者面临着几乎每天都有的收益点。收益点多了，风险点也就会多，所以，经营者需要以平常心来看待每天的收益与风险，要有思想准备。

遇·危·不·慌

当然，农耕经济时代，天气是决定小麦收成好坏的另一主要原因，那就是，小麦的收获期极短！我们这里的小麦收获时间，从开始收割到全部结束，整个收获期也就十天左右。而我们种植的玉米，收获期长达一个月。从时间上来看，相同的种植面积，收获期越短，收获时间越集中，收获期的劳动量就越大，也越容易因为天气，导致收获的小麦或玉米的质量相差大。质量相差大，导致售卖的价格相差也大，丰收也就打了折扣，甚至增产减收。

到了芒种节气，我们这里的天气，多以晴天为主，白天的温度很高。俗话说得好，麦熟一晌。正是小麦成熟的季节，晴空万里，炽热的太阳，滚滚的热浪，为小麦的成熟使劲地做助推。小麦离成熟、收获的时间也就很近了。

故事发生那一年，我家在开发区的大路边种了三亩半小麦，当年小麦的长势很好。我们一个村组的大哥，约我一起找联合收割机。我们这里的农民，绝大部分没有联合收割机，因为每户只有几亩地，一年的收成也就值几千元。如果要买一台十几万元的联合收割机自己用，真是想都不敢想。所以，我们在麦收期间只能雇联合收割机。这些联合收割机大部分都是来自外省，因为国内小麦的成熟期是五月底从安徽、河南开始的，直到六月中旬，我们这里的小麦才成熟。

有能吃苦耐劳的农民，他们投资联合收割机，像候鸟一样，开着联合收割机，从安徽、河南开始，从小麦最早成熟的地区，追逐着小麦成熟的脚步，一路向江苏、山东、河北、东北地区收割小麦，赚取辛苦但丰厚的报酬。当然，我们本地也有一些人投资联合收割机，但这个比例很低，一个村也就只有一两台，仅仅是在附近干活，去外地的不多。他们的收割期，仅仅有十天左右的时间，这也就决定了他们的收益比较低，与专职、专业的外省联合收割机机主相比，差了很多。

另外提一下联合收割机及其操作时的情况。我们这里麦收期间气温很高，一般在30摄氏度到38摄氏度之间，在高温天气工作，特别是没有风的高温天气，这时候用联合收割机收割小麦，小麦秆与麦穗因机械切割和扰动会产

遇·危·不·慌

生很大的扬尘。一个小时下来，收割机操作员的脸上全是黑灰色。操作一天联合收割机，脏累的程度可想而知。还有一个就是工作的时间长，收割机操作员一般早上五点左右开始工作，一直到晚上七八点才收工，工作时间长达十四个小时左右。高温作业加上超长的工作时间，应该说这是一份超负荷、超时长的工作，当然换来的是他们的高收入。所以我说，他们赚的是"辛苦但丰厚"的报酬。

那一天，我和大哥去开发区的大路上寻找外地来的收割机。因为我俩来得晚，得知早上时，外地的收割机就被当地的麦收经纪人给"接"走了。我们只好去别的地块看看，寻找正在进行收割作业的收割机，询问情况并预约好时间。

在邻村地里有一台正在收割中的联合收割机，等它被开回到地头时，我们一看，发现操作员是我们村的建平，便赶忙问他第二天有无预约的。他看了一下记事本，说第二天下午两点后还没有预约的，就给我们的收割时间排到两点后。我和大哥兴高采烈地回家了，准备第二天的小麦收割事宜。

天有不测风云，
已经预知风险，
能避开吗？

面对风险，可以预知，这是一种能力。预知了风险，才有了规避风险的可能。而避开风险，是风险解决的前移，是上策。

遇·危·不·慌

晚上吃饭时，我留意看了中央电视台的天气预报——这很重要，天气情况是影响明天能否顺利收割小麦的关键因素。天气预报的云图显示，我们这里将会有雷阵雨。考虑到中央电视台的天气预报是大范围预测，对这种局部的、短时的雷阵雨的预报没那么准，可能有误差，我接着看山东电视台的天气预报。山东电视台的天气预报说，鲁中地区有雷阵雨并伴有短时大风，最大风力可达八级。

看完天气预报，我的心情沉甸甸的。想了想，考虑到市电视台的天气预报比较准确，又随后等着看我们市的天气预报，因为节目时间安排不同，我们市电视台的天气预报播出时间比中央电视台的晚半个小时。没想到市电视台的天气预报也说，明天午后全市有雷阵雨、短时大风，其中东部乡镇有暴雨！短时大风、雷阵雨、暴雨！听到市电视台的天气预报说明天有雷阵雨和局部暴雨，我忧心忡忡。我走到院子里，看着满天星斗，心里不禁疑惑道，明天真的有雨吗？

第二天一早，我带着铁锨，把麦地里的水沟都平了。这些水沟是以前给小麦浇水用的，每隔五六十米就有一段。把水沟填平，是为了让联合收割机作业时行车平稳，同时以免水沟对收割机造成不必要的损伤。

面对风险，
是主动避险，
还是选择冒险？

　　一般认为，在风险到来之时，主动避险是明智的，是符合常理的。而在经营活动中或人生的某个时段，人们则会选择冒险。毕竟在未知输赢的局面之下，选择冒险就有了成功的一半可能性；而不冒险，就什么机会也没有。

遇·危·不·慌

望着天空万里无云，感受着气温渐渐升高，我心里不由又想，今天下午会有雨吗？把水沟填完，我就回家吃早饭，饭后准备了几块大农膜，以备下雨时给收获的小麦防雨。忙完这些，我又拿起扫把，把家门前的柏油路清扫了一段，以便晒我家收获的小麦。

忙完这些准备工作，我把家里的三轮车发动了一下，看一切是否正常。抬头看看头顶的太阳，我感觉这时气温已经有三十六七摄氏度了，又是一个大热天。那些尚未成熟的小麦，也会在一两天内成熟。那些成熟了的小麦，则会麦穗向下垂，若过了最佳收获时机，麦穗就会掉到地上，造成减产。

中午的太阳晒得人头皮疼。吃了午饭，我发动三轮车，向自家的小麦地驶去。我家小麦的秆都变黄了，麦穗沉甸甸的，上面的麦芒都已经向旁边张开。我采了几穗小麦，用手搓揉两下，用嘴一吹，手心里就只剩下饱满的麦粒了。再捡一颗麦粒放入嘴里一咬，咯嘣嘣的，麦粒很干硬，这就说明小麦完全成熟了。

一边做准备，
一边选择冒险？

　　许多机会都是稍纵即逝的，留给人选择的时间太少。既然选择了冒险，同时进行的就是各项相关的准备工作。机不可失，时不再来。

遇·危·不·慌

在此之前的几年，我家的小麦每亩地产量均在一千五百斤左右。应该说，这个产量在我们这里是排在前几名的。三亩半地，预计可以收获五千多斤小麦，当年的收成和上一年相比差不多。当年小麦的收购价是每斤五角五分钱，如果一切顺利，我家的小麦可以卖两千八百元左右。这些小麦的收入，估计只能顶城里人三个月的工资。再扣除购买化肥和麦种的费用，浇地用的电费，收割机使用费、播种机使用费等，不包括人工费，能剩下一千元左右。

我在心里算着账，就看到建平开着联合收割机开始给临近的大哥家割麦子了。联合收割机前面转动的卷刀，不停地把小麦秆割断，把麦穗送进脱粒机，伴随着机器轰鸣的响声，向前割着麦子。联合收割机后面的扬尘，就像一条土龙，扬起来，又渐渐地消散在后面的麦浪上、地上。

这时西边的天上，涌起了黑色的云影，也渐渐刮起了小风，带动黑云迅速侵占着东边的天空，不时有雷声传了过来。看着乌云在天空向东方侵占，我的心悬了起来。

遇·危·不·慌

邻居大哥家的小麦收割已经接近尾声，他开着拖拉机赶到地头，做好准备，接收联合收割机粮仓里的小麦。等联合收割机在地头停稳，建平把粮仓门打开，向邻居大哥的车上放收完的小麦，只用了十几分钟，就放完了。

这时的乌云，已经侵占了半个天空，还在向东不断地延伸。看着迅速变化的天气，我很纠结，还继续割小麦吗？如果真的有暴雨，那不就麻烦大了吗！

这时建平走过来，问我割还是不割，说大哥家的都割完了。

我看看天空，又看看建平。

"建平，你觉得天气预报说的暴雨，会不会马上下起来？"

建平看了看天空中的乌云说："应该一时半会儿下不大，你家的麦子也不多，应该很快能割完，估计要用四十分钟吧。再说，只要小麦收割了，联合收割机粮仓的上面有盖，密封得很好，不会浸湿小麦。即使雨下得再大，也没事。雨下大了，我们也就不收割了，只能早点回家。"

> 利益与风险的选择,
> 最令人纠结!

　　割麦子还是不割,这是一个问题。在脑海里各种沙盘推演,绞尽了脑汁,只为了一个最优的解决方案。要是选择收割,有可能万事大吉,也有可能淋在风雨中。要是选择不收割,两天后麦穗就掉落了。这需要缜密的思维,更需要雷霆的决断。

危机已经悄然而来，
危机渐进，
却依然心怀侥幸？

  人们大多时候是这样的，在挑战和威胁面前，哪怕已经是九死一生，还总是怀着一线的希望。其实，太多的预案做好了，严密的风险管控做到了，就不会到这一步。比尔·盖茨曾经说过：微软公司距离破产永远只有18个月。这种风险意识，是大多数人所欠缺的。如果风险意识到位，把风险管控做到了极致，就会离风险更远一些。

遇·危·不·慌

只需四十分钟就能割完,速度是很快,但雨什么时候下,这个不确定。如果雨下得早,麦子割到一半就下大了,联合收割机回不来,在麦地里停了,怎么办?

如果这时候选择不割了,就要再排号,不知道又要排到什么时候了。错过这次排的号,如果雨下不大,号岂不是白排了吗?

我又一想,麦穗已经成熟了,如果真的下大暴雨,即使雨停了,两天内,麦地里经雨水一浇,联合收割机也开不进来。而我家的麦子,能等到两天以后再割吗?两天以后,如果再排不上号,麦穗熟得掉下来,即使能收割,落下来的麦穗怎么办?

"大军,你家的麦子,还割不割?"

看着建平一脸焦急的样子,一句话,我又被拉回到现实中。

对啊,割还是不割,真是让人纠结!

我抬头看了看已经到了头顶的乌云,割还是不割呢?建平四十分钟就能割完,而当下的天气,却让我感到了风雨欲来的微凉。

遇·危·不·慌

　　割还是不割？必须马上做出决定了，即使纠结，也必须马上做决定，因为，割，就马上开始；不割，不能耽搁联合收割机的时间，因为下一家在等着，对于机主而言，时间就是金钱！联合收割机每收割一小时就赚二三百元，所以建平等不得。如果我不割，号排在我后面的人愿意割，宁愿冒着被暴雨淋湿的风险，也愿意收割。建平开着联合收割机，当然也愿意去赚钱。

　　我选择不割，就一定有后面排号的人愿意割。建平开着联合收割机则更愿意不停地割。

　　割！

　　必须割！

　　天气不等人，大暴雨不等人！割麦子不等人！

　　我让建平赶紧割，只有在心里默默祈祷，希望可以顺利地割完麦子。只要割完麦子，再大的雨也不怕了。

遇·危·不·慌

建平开着联合收割机轰隆隆地驶进了我家的麦地，不一会儿，机尾就飞快地抛出了麦秆，割麦子开始了。

我跟着联合收割机向前走了几十米，蹲下来，扒开地上的麦秆，前后一米的距离内，没有发现地上有麦粒。我又向前走了十几米，蹲下来，再次扒开地上的麦秆，前后一米的距离内，发现了一粒麦粒。

我又捡了几个麦穗，搓了搓上面的麦壳，麦壳上没有遗留的麦粒。看来，今年麦子熟得好，联合收割机脱粒干净。以往几年，麦子成熟不够时，经常出现麦粒脱不干净和麦粒遗落在麦地里的情况，导致减产几百斤是有的。

在收获时，如果麦子的成熟度不够或过于成熟，都会造成小麦减产。成熟度不够，麦粒还有浆，水分过大，晒干时损失就多。成熟度不够还容易导致脱粒机脱粒脱不干净，使一些麦粒遗落到麦地里。过于成熟，会导致麦穗低头、掉头现象。如果麦穗熟得落到地上，不管用什么方法收割，减产是不可避免的。今年小麦长势很好，今天割小麦也恰好是最好的时候，正好赶上小麦八成五熟。

所有的风险，
都是由冒险而产生的。

　　这一次的麦收，遇到了种种挑战和意想不到的变故。可是有时候明知风险的存在，却仍然要去冒险，这就是利益的驱使吧。不做冒险，游戏就无法继续。"富贵险中求"，是一句名言；"常在河边走，怎能不湿鞋"，是一句良言。明知有风险，也要去冒险；明知山有虎，偏向虎山行。求富贵不要怕风险；在河边行走，胆大心细，就不会湿鞋。

> 危险随之而来，
> 墨菲定律？

  人们总爱把不好的事情发生归罪于"墨菲定律"。为什么不往好里去想，为希望加油，为未来助力，那样就是好事连连了。一个爱笑的人运气会好，一个信心满满的人不易被打败。

遇·危·不·慌

目送联合收割机越走越远,我稍微安心了些。

联合收割机掉头回来时,正好收割完一半。建平说粮仓满了,先把粮仓里的小麦放出来。我赶紧开农用车过去,停好,建平打开仓门,在收割机上一加油,粮仓内的绞龙就把麦粒源源不断地送了出来,使其快速地涌到农用车车厢里。农用车车厢满了,收割机粮仓里的小麦也就见底了。看着一车饱满的麦粒,我感觉,一年的辛苦也值了。

建平又开着联合收割机走了。我把农膜盖到农用车车厢上,以防下雨淋湿了小麦。我喊来小弟,让他先把这车小麦拉回家,放好后再开回来。

这时天空的黑云越来越低,让人感觉它们要重重地压在大地上,风势也渐渐起来了,让人更感觉到了凉凉的冷意,看来别的地方已经在下雨了。凉凉的?会不会下冰雹?一想到这里,我的心就焦急了起来。

冰雹?

在这个季节下冰雹也是常有的事,特别是在有雷阵雨

遇·危·不·慌

的天气，下冰雹是大概率的事。冰雹对农业的危害不言而喻，特别是在麦收期间，严重的冰雹会导致小麦绝收。

冰雹打在成熟的麦穗上，麦穗就会落一地，能侥幸逃过一劫的寥寥无几。当然，冰雹往往以局部、分散的方式出现，其降落并非覆盖整个区域，即不是一个区域全面性的，而是呈现为风带状或条块状的分布，这是冰雹独有的特点。

看着联合收割机已经到了麦地的尽头，开始往回返，再看看黑云压顶的天空，估计只要再有十几分钟不下雨，一切就万事大吉。想到这里，我担忧的、焦虑的心情好转了一些。

刚过了一会儿，风变大了些，我向西边的天空望去，发现能见度低了很多，天色暗了下来。似乎西边的天空中，又多了些朦胧的东西，不会是下雨了吧？

嗯，西边应该是下雨了，因为风中有凉意，有泥土的土腥味。俗话说"风是雨头"，风是从下雨的地方吹过来的，这是这边要下雨的前兆。

遇·危·不·慌

马上就要下雨了！

我站在地头，盯着不断向我驶来的、轰隆隆前进的联合收割机，只觉得它是在和降雨的时间赛跑！在联合收割机离我，也就是麦地"终点"，还有三分之一的距离时，雨还是下来了。

啪嗒、啪嗒的雨点，打在我的脸上、头上、身上，我感觉雨点很大，有些凉。雨点在落地前，也打在了麦穗上、打在了麦叶上，打得麦穗有些晃荡。

我看着联合收割机不断向我靠近，恨不得自己赶过去，给它加把力，让它开得更快些！我呆呆地看着联合收割机在忙碌、在工作，而忘了自己应该穿上雨衣。

短短不到两分钟的时间，雨随着风势就下大了，顿时就有了中雨的样子。我赶紧穿雨衣，还没有整顿好，发现万幸的是，联合收割机马上就要割完了，这真是不幸中的万幸啊。

联合收割机割完最后几米小麦，空转脱粒的空隙，天地间就变得雨茫茫一片了。雨下大了，暴雨来了！

遇·危·不·慌

麦子都在联合收割机的粮仓里，这还是让人比较放心的。建平从车里探出头："雨下大了，我也回家。把你的麦子捎到你家再卸吧，这样比较保险，不用往你农用车上卸，少折腾，保险。"

"这样最好，多谢了！"

我见建平安排妥当，开着他的装满我家麦子的联合收割机往回赶，终于放下心来，也不怕下雨了。

我回身向路上看去，只见大雨中的公路上，一来一去的两条车龙，一动不动，堵车了！

刚才自己只关注联合收割机的收割进度，担心雨下大了割不完小麦，完全忽视了身后公路上的交通情况。

风险总是出乎意料。

　　看似这是一个意外，其实何尝不是因为预案的缺失造成的呢！作为麦收计划的一部分，天气、地形、交通、机械、人员、运输、后勤等，其中哪一个掉了链子也将会导致"失败"。人们有太多的理由归咎于运气不好，单单就没有多花点心思去做好完整的预案和危机处理方案。

遇·危·不·慌

我走上公路,看着东西对向行驶的车辆排起长龙,在昏暗的天气中,都打开了大灯。车辆也是各不相同,有联合收割机、农用车,也有小汽车、客车、卡车,都堵在了公路上。

这时的雨,越下越大,没有人下车查看堵车的原因,却有几个耐不住性子的司机,开始不停地按车喇叭,让大家堵车的心情,更加焦躁。

我看着停在公路上的车辆长龙,又焦急,又有点烦躁,身上就有汗出来了,加上大雨天雨衣的挡雨效果不好,感觉身上又热、又湿、又黏。

我回头看了看建平的联合收割机,发现它还待在地头,没有动。是啊,建平的联合收割机没动,因为动了也没有用。即使建平想把联合收割机开上路,堵车的长龙里,哪里会有司机给他的联合收割机让路啊。

看看越下越大的雨,以及停在我家麦地里的联合收割机,再看看亮着灯的车辆长龙,以及听着此起彼伏的喇叭声,我不禁有些怅然。

遇·危·不·慌

看样子，暴雨一时半会儿不会停，半个小时、一个小时，还是两个小时？谁也不知道老天爷的想法。天气情况，谁也左右不了。

等待和观望，是人们在公众风险面前的常见态度。"事不关己，高高挂起""人不为己，天诛地灭"——好多的俗语其实被人们断章取义、错误解读。公众风险面前，每个人的风险都在里面，雪崩一瞬间没有一朵雪花会是无辜的。试想，如果每个人都有主动参与解决问题的意识，那问题解决就在分分钟之间了。

遇·危·不·慌

建平开着联合收割机，更想回家。割麦子割不了，他忙了一天，也累。借着下暴雨，他也可以在家休息一两天。他们的工作就是这样，在麦收时忙得要死、累得要死、脏得要死，而下雨的日子里，又闲得要死。

再看看公路上的车辆，司机们都在等，都坐在车里，没有一个人下车，去查看堵车的原因。

这也怪不得他们！

他们在车内，很舒服，谁也不愿意冒着被暴雨淋湿的风险，下车去查看堵车的原因。他们待在车内，损失的只是堵车的时间。如果他们下车去查看堵车的原因，轻则被暴雨淋成落汤鸡，重则感冒生病。权衡利弊，他们当然愿意待在舒服的车内，静观其变了。

大家都在等，都在观望。

或许，这才是真实的世界、真实的场景。只要自己的利益不受损，大家都等得起，大家都是事故的观众，而忘了，自己也是事故的帮凶！

这时，我听到有人喊我，回头一看，是建平在联合收

遇·危·不·慌

割机上向我招手。我从公路上下来,向建平的联合收割机走去。

"大军,雨越下越大,时间久了雨水会顺着出粮口进入粮仓内,为了预防进水,我们还是早点回去。你看,雨被风吹着,会飘进粮仓。"

我顺着建平手指的方向看去,出粮口方向,确实有进雨的迹象。如果雨越来越大,时间久了,不仅会是造成粮仓进水并把小麦泡了这么简单,更会影响小麦的售价。被雨水一泡,小麦就成了黑麦子,磨出来的面,也叫黑面,价格比用正常小麦磨出来的白面粉,低了很多。

"另外,雨越下越大,公路上的雨水都顺着路边流过地头,向地里流了进来。如果地里的雨水越积越多,地湿透了,我们的车就开不走了。把车堵在地里,就麻烦了。"建平说。

逼上梁山，或许是解决危机的开始。

生活中，我们会遇到太多这样的案例。例如，天然气爆炸了，出了人命了，我们开始去关注天然气安全，去严查违规用气；桥塌了，我们开始关心施工安全。为什么不能先行一步，把问题解决在萌芽状态呢？

遇·危·不·慌

我看了看地里,确实和建平说的一样。我家的麦地在公路边上,路面比公路矮了三四十厘米,这时公路上的雨水像潺潺的小溪,不断涌进我家的麦地里。

"建平,你等一等,我去公路堵车的两头,看看什么原因。如果能疏导,那我就尽快疏导;如果疏导不了,我们也只有在地里等着了。"

虽然这样对建平说,其实我心里一点底气都没有。看着两条车龙,估计两边的车辆会越汇越多。车辆堵得越多,疏导难度会越大,这是成正比的。

但如果雨水被风吹着进入联合收割机粮仓的越多,我的受损也会越大。不管什么结果,总要去试一试吧?

雨越下越急,视线也越来越不好,我的全身已经湿透了。因为雨衣的雨帽不方便我向两侧观察,我便摘下来,瞬间我的头发就全湿了。雨水顺着我的脖子向下流,一眨眼工夫,我的裤脚开始流水,全身上下再也没有一处是干的了。

> 站在为大家解决问题的立场上，每个人生来就是为大家而来的，不是吗？

每一个看似平凡的人，一旦面对时代变局和重大事件，往往就会萌生出力量，做出惊人之举。所以，其实每个人身体里都藏着"英雄"的基因，只是它被深藏起来了，淹没在平凡日子里的柴米油盐中、静水深流里，一旦被激发，它的能量难以估计。骨子里的崇高和利他，在每个人的血液里都有。

遇·危·不·慌

雨水的冰凉,却燃起了我内心的火!反正全身都湿了,豁出去了,一定解决堵车。不然,谁也不知道今天几点能回家。他们都在车上,那就让自己去做这件事。遇到问题,总会有解决的办法,只不过,今天的堵车,或许,只有我才能去解决了。

没有无缘无故的堵车!

下雨前,公路上有晒小麦的,车辆可以压着小麦开车,小麦不会受影响。刚才黑云一起,风一刮,在公路上晒小麦的乡亲们,就纷纷把晒着的小麦堆起来。

在公路上晒小麦,在一段路上只有一家的,就把小麦堆到公路中间,形成一条东西向的麦粒堆;在一段公路上有两家晒小麦的,就把小麦分别堆向公路南北两边,弄农膜盖起来,用砖、土块压好,免得被风刮开。

就是因为这样的堆法,结果,造成堵车了!

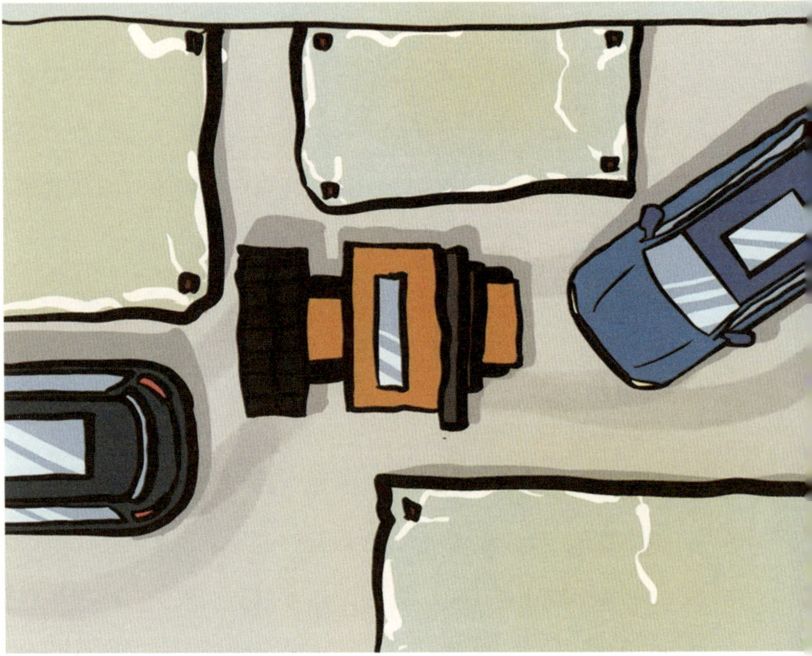

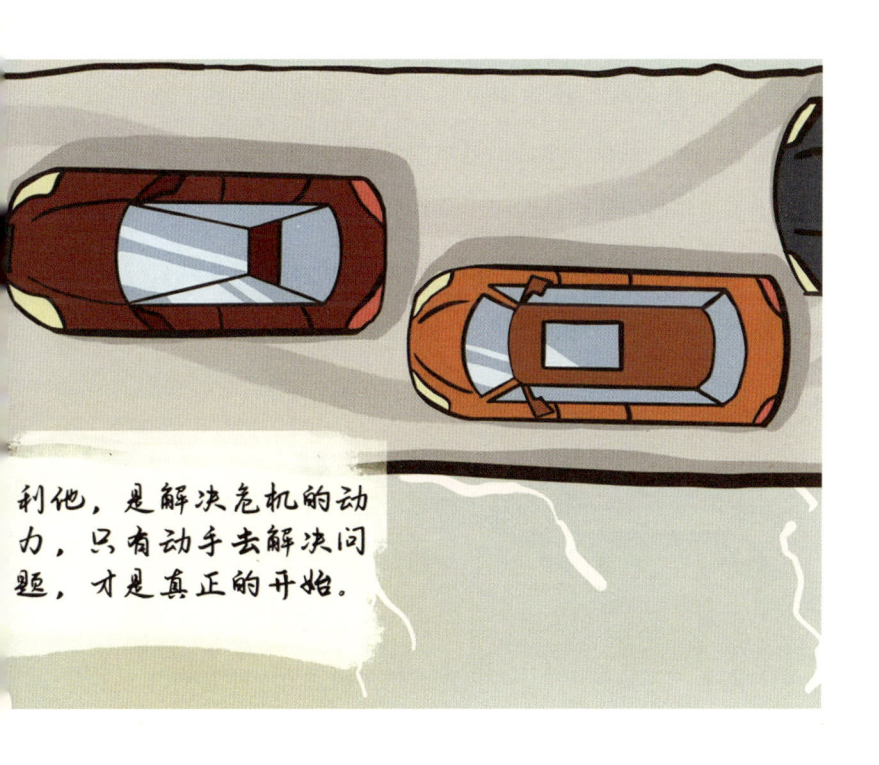

利他，是解决危机的动力，只有动手去解决问题，才是真正的开始。

如果有一种精神可以鼓励人们解决危机，那我们情愿相信它的存在；如果它是利他的美好情感，那也配得上高尚二字。动手，行动，问题就开始破解了。行动，越早越好。

遇·危·不·慌

我沿着公路向西走去，因为从我家麦地向西，约二百五十米，就是一个红绿灯路口。我想，先向西走，可以看看是不是在路口堵车了，这样的选择应该比向东走要好。因为向东走，两公里后才是路口，如果向东走两公里，没有发现堵车点，一来一回就是四公里。在这大暴雨的天气里走路，估计来回都要一个多小时，更何谈解决堵车问题。

从我家麦地向西，公路中间是堆起的麦子，有一米半左右的宽度，在麦子堆两边是东西向的两条车龙。我沿着公路中间堆起来盖好农膜的麦子堆，向西走去。

走了一百多米，走到军昌家麦地的位置时，我看到公路中间的麦子被一分为二堆起，麦子堆还是东西走向，每行麦子堆大概有一米半宽，农膜盖在上面，各像是一条银色的玉龙。

就是在麦子堆一分为二的地方，堵车了！

公路有七米多宽，公路中间被堆起的小麦宽一米半，即使按照两米来算，麦子堆两边至少还有两点五米宽，这并不影响通行。

人们多有"吃瓜"的习惯，旁观者是多数人的角色。他们无意中让事件得以拖延、风险得以放大。从这个角度，说他们是帮凶并无过。

遇·危·不·慌

问题就出在这段公路上的麦子堆是一分为二上！公路上有并列两行麦子堆后，占了约三米多的宽度，再加上麦子堆离公路边还有点距离，留给车辆行驶的路宽不到四米了。公路上行驶的车辆种类多，有小轿车、拖拉机、农用车、联合收割机、大货车等，而各类车型的车宽是不一样的。例如，小轿车的车宽一般在两米左右；拖拉机和农用车的车宽一般在两米二三；联合收割机，特别是联合收割机前面的收割机，宽度则达到了三米五；大货车的车宽小一些，也达到了两米五。

想象一下，对向行驶的两条车龙，如果都是小轿车，双方的司机只要谨慎驾驶，在公路中间会车不会有大问题。但只要是农用车和其他车型会车，必然是会车困难，有时就会压到麦子堆的边上。这还是好的，因为，现在公路中间停着一辆联合收割机！

我围着堵车的地方转了转，又向西走去，直到红绿灯路口。红绿灯路口，没有其他情况，南北畅通。红绿灯路口向西，也是畅通无阻。看来所有的问题，就只能是联合

遇·危·不·慌

收割机被堵住的地方，造成了这次大堵车。

我从红绿灯路口走回到堵车的地方，发现联合收割机后面跟着一队向东行驶的各类车辆，直排到红绿灯路口。联合收割机堵车处向西行驶方向，目前还没有车辆。有几辆向东行驶的车辆，从向东行驶的车队里，向北调转车头，有越道行驶的迹象。如果仅有的公路中间，从堵车处至红绿灯路口，成了双队向东行驶，堵车会更加严重，再也没有疏通的可能了。

我赶紧往回跑了过去，制止他们向西行的方向上驶入，确保堵车疏通后，西行方向畅通。我向他们挨个解释，有的支持，感谢我。有的翻着白眼，说着令人心凉的风凉话。但，他们又为疏导堵车做过什么？一个没有付出、没有贡献的人，有什么资格去指责别人？

想到这里，我感到浑身的衣服，就像是一副冰冷的铠甲，令人心灰意冷。也许，你在意的别人的嘲笑，会成为击垮你意志的最后一根稻草。

面对风险，更多的是面对不理解者的白眼与冷嘲热讽！

真理，还真的是握在少数人手里。英雄们往往是孤独的。少数人就算是对的，也要顶得住世俗眼光的不解与排斥。这样的思想准备，也是风险处理的一部分。

遇·危·不·慌

我该怎么办?

建平的联合收割机上是我家的小麦,需要尽早运回家去,做到颗粒归仓。如果小麦被雨水淋湿了,受到损失的,却是我自己。而想要减少损失,就必须把堵车的问题解决了。如果不解决堵车的问题,载有我家小麦的联合收割机就上不了公路,即使挤上公路,也是寸步难行,回不了家!

伸手摸了一把脸上的雨水,狂泻而下的暴雨,不会留给人时间去慢慢思考。因为,湿透的全身,会令人更加清醒。得失、得失,有得必有失,有失亦有得。想到这句话,我也就释然了。

我只有解决堵车问题。虽然失去的是自己的时间,也是自己为解决堵车而付出的辛劳,但得到的至少是自己小麦的颗粒归仓。即使出于无私,看到堵车堵了这么久,这也是值得一试的事情。既然要解决堵车问题,既然下了决心,那就全力以赴,放下所有的负担,不顾他人的议论与不屑,甚至是嘲笑。人总要在不同时间、不同地点、不同的事情上,去体现自己的价值。

自己给自己打气，自己给自己激励，在行动这件事情上，从来无需等待。

遇·危·不·慌

我觉得，在这样的大暴雨天气中，去解决堵车的问题，疏导交通，也是自己个人价值的体现。不仅仅是为了自己，而是站在为大家解决堵车问题的立场上，这让我更加充满了动力！每个人生来就是为大家而来的，不是吗？

每个人自诞生之日起，便应心怀感恩之情，感激父母的养育之恩，感激家庭中每一位成员的付出与陪伴。你过得好好的，拥有个人的成就与事业，这便是为大家增添了光彩与荣耀。如果你的能力再大些，亦可解决他人的就业问题，或者可以保家卫国，更可以作为国家代表，在国际各类舞台上亮相，展现国家的独特魅力与风采。你，就是为大家、为国家而来的。

想到这里，我一个农民，虽然种地纳粮是本分，但如果能解决这次大暴雨天气里的堵车问题，不也是自己另一种价值的体现，是利他精神的体现吗？

我越往大处想，越是心生豪情，越有解决问题的动力。这时感觉打在身上的雨滴，也就没有那么凉了；大暴雨中的视线，也没有刚才那么模糊了。

对，利他，是做事的动力。只有动手去解决问题，才是真正的开始。

我站在公路中间，看着东西向停着的车辆长龙，看着这一段路，仅剩可供一队车辆行驶的宽度，却有两队相向而行的车辆。雨水的冰冷，也愈加让我清醒。

是的，本就是独木桥，千军万马都来过独木桥，没有交通指挥是不行的。有交通指挥，可能独木桥不堵车，但堵了车的独木桥，却必须有交通指挥不可。没有交通指挥的千军万马过独木桥，会无序、会混乱。千军万马堵在独木桥的两端，更是让人心生焦急。

> 要解决问题，必须回到问题的起点。

追溯原点，也许更容易发现问题的矛盾所在，看到那些纠结的初始。理清了问题的关键人、关键点、关键因素，就像毛线找到了线头、绳子找到了绳结，那么就找到了问题迎刃而解的可能。

> 正确的停止，
> 就是前进。

一个问题的形成，往往有一定的过程。那错误的延续，就是问题加重的症结。所以，及时刹车、迅速暂停，就可以及时止损、降耗。若问题来了，不毛躁，清醒冷静，及时叫停，分析应对，这才是解决之道。

遇·危·不·慌

为什么焦急？因为必须找到堵车问题的解决之道才行。解决问题，仅有勇气和决心是远远不够的，更要有方式，有方法。解决问题，还是要回到问题的原点。

我现在就站在堵车问题的原点！

千军万马都挤在独木桥上，那样的大场面我没见过，但两条车龙堵在独木桥的样子，我却是真真切切地体会到了！

我现在就站在这个独木桥的中间，看着独木桥两端对向而行的车龙，我必须当机立断了。

首先要确保堵车点五十米范围内及以外的车辆不要缓慢靠近或挤入拥堵区域。我以前有过这样的经历，遇到堵车时，希望自己的车，再向前走一点，能多走一点，就多走一点。但现在我就担心这个问题，绝对不能让后面的车辆再向前挤，避免可以疏导堵车的空间越来越小。

> 只有你的举动是利于他人时，才能获得更多人支持。

在变革和处理问题时，确实需要一些策略的。利他，让他人看到好处，易于获取支持。

遇·危·不·慌

我走到东西向麦子堆堵车的东边，敲了敲向西方向一辆车的车窗。车窗降了下来，我向驾驶员说明来意，让他暂时不要向前行驶，即使后面的车辆喇叭响翻天，也不要向前开车。只有他先把后面的车挡一下，使后面的车不乱秩序，不向前挤，那么我解决堵车问题也就有了把握。

这个驾驶员很支持我的想法，说他车上拉的麦子，再这样淋雨，麦子就全部让雨水泡了。如果能解决堵车问题，他全力配合我。这个驾驶员的话，让我很感动，真是助他人，显价值呀！

给堵车点东边的人都叮嘱了，真正的疏导工作才刚刚开始！现在要做的就是第二步，让堵车点向东行驶的车辆尽量向后退，以便让堵在两处麦子堆中间的车辆恢复通车行驶。

挤挤总是有的！

我走到公路南边，看着挡住西去车辆的第一辆车，我走过去敲了敲车窗。

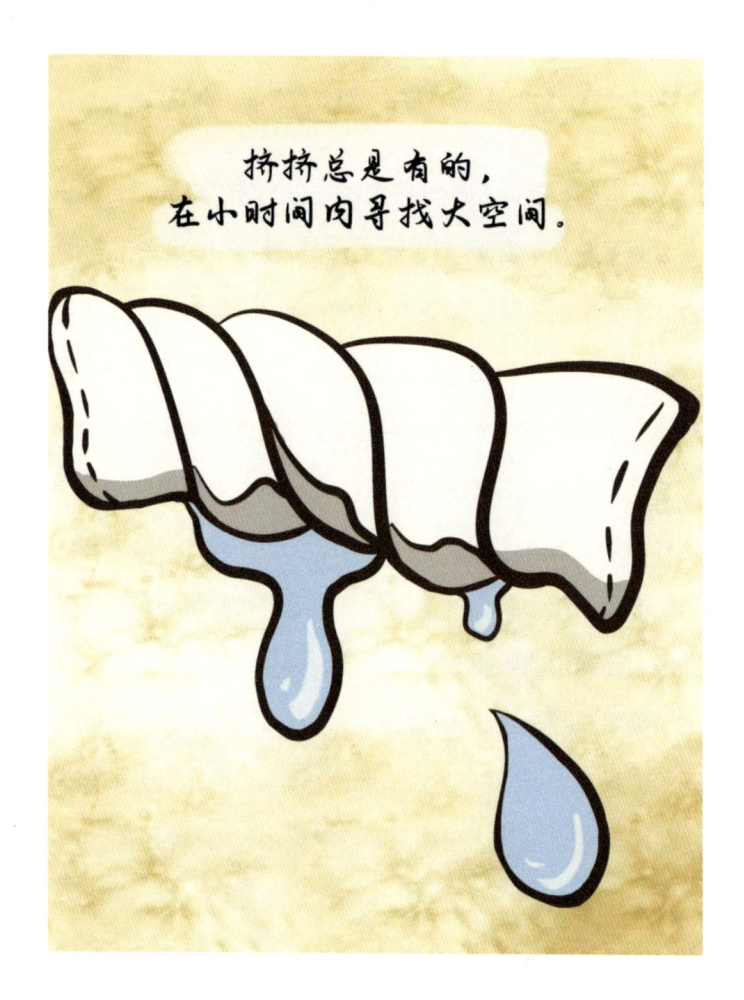

挤挤总是有的，
在小时间内寻找大空间。

　　处理危机要有耐心，有智慧。看似不可能的事，隐含着处理的空间。挤一挤，就是放大解决问题的可能性。一般人因为看见而相信，有智慧的人因为相信而看见。

遇·危·不·慌

那位司机把车窗打开，我把我的来意做了说明，希望他可以配合我，向后倒车，直至把车倒至公路中间麦子堆南侧，确保向西的车辆能顺利通过。等向西行驶的车辆通过一段时间，再让向东行驶的车辆通过一段时间，这样交替通行，就可以解决目前的堵车问题。

那位司机听我讲完，很感谢我为解决堵车问题而做的疏导努力，但他自己没有办法倒车。他告诉我，因为他的车后面还有四五辆车，从他的位置倒车到公路中间麦子堆南侧，还需要做那几辆车司机的工作。

我一看，确实，他后面还有四五辆车，而且这四五辆车后面也是车连车，如果让这些司机都倒退到指定的位置，估计最少也需要近二十辆车的配合。要是这近二十辆车都向后倒车，只有把公路南边给最近这五六辆车留足倒车距离才行。

但是，逐一向二十五六辆车的司机去解释倒车的原因，最少也要一个小时，而一个小时之后，堵车的情况更难预测，会不会更加拥堵？如果真要一个小时后才能达成

遇·危·不·慌

都同意倒车的结果，而后续不断赶来的车辆向前挤，向后倒车的空间就越来越小了。而越来越小的车辆间距，只能再增加倒车的数量，怎么办？

我向西看着闪着双闪的车辆长龙，又陷入了无奈之中。有没有办法一起通知这二十几辆车的司机呢？应该是没有办法的。怎么办？雨水不断洗刷着我的身体，让我感觉到自己的渺小，自己的无助！

无助？

对啊！所有的司机面对堵车都是无助的！无助者无助，得道者多助！如果把自己放在解决问题的得道者位置上，会不会得到这些无助者的"多助"呢？

我决定试一试！

我又走向刚才的那位司机，他看着刚走了几步去而复返的我，眼神中充满了疑惑。

我向那位司机说了我的计划，希望他参与进来。如果没有他的帮助，我的疏导工作就不会成功，堵车将会继续持续。

那位司机认真考虑了一下，答应了我的请求。

争取更多的人，一起来达成目标。

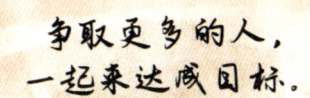

　　东方人擅长解决危机的一个表现是团队作战、共同面对。多年前有一部国产电影《闪光的彩球》中讲了一个心理学家做实验的故事：这个心理学家对全球的少年儿童做测试，看谁能用最短的时间从一个玻璃瓶的狭窄瓶口中取出多个彩球，结果参加测试者都失败了，发现取不出来。最后在中国的一所学校，一群中国少年认真商量，排好次序，依次取出了彩球，而且所用时间最短。有些事情，孤军奋战就是失败，想要成功必须团队协作。

遇·危·不·慌

"我们两个人,分别向后面一辆车的司机说明情况,最好是再动员几个司机。这样我们人多,一起向后面的司机做工作,速度可以更快,估计二十分钟,我们就可以解决堵车的问题。"

那位司机很赞同我的计划。

"您说得对,只要多一个人,我们就能提前疏导堵车,就能早几分钟通车。虽然雨下得很大,但我们司机能为自己做一些事情,意义也很大。即便衣服都淋湿了,但做有利于大家的事情,也是值得的。"

听那位司机讲完这句话,我心里一动。

"就按您刚才说的,对后面车辆的司机讲!让我们一起行动,解决我们自己的事情。"

结果令人很感动,那位司机后面两辆车的司机都同意帮忙,打开车门同我俩一路,向后面的车辆走去,做后面车辆司机的工作。

令我没有想到的是,前十辆车的司机,都成了我俩的同伴,我们的速度更快了,向前二十位司机说明倒车这件

遇·危·不·慌

事，用了不到十五分钟！

当看着第一辆车向后倒车时，我的心中才感到踏实。我向这些司机伙伴致谢，感谢他们的帮扶时，他们却说："没有你来回地查看情况，并冒雨来做这件事，我们也没有信心来帮助你做成这件事。是你给了我们信心，让我们一起来完成这件有意义的事。"

我和他们一一握手，让他们抓紧回到自己的车上，按次序依次倒车。

很快，南侧向东行驶的车辆，都退回到公路中间麦子堆以西了。我指挥在堵车点的联合收割机向西行驶，后面的车辆依次跟了过来。终于畅通了，看着由东向西的车辆依次行驶过来，我心里也充满了自豪感。

危机高点已过，
但依然风险很大。

从来不要低估风险的复杂性，往往是一波未平一波又起。没有永远顺利的形势，没有一劳永逸的局面。危机考验的是人们的恒心。

遇·危·不·慌

但这样的畅通,也仅仅是由东向西的行驶通车了,而由西向东行驶的车辆,在退回到公路中间麦子堆南侧后,一动没有动过。

我知道刚才的司机伙伴们也等得着急,特别是前十辆车的司机,还有和我一起向后面车辆司机做工作的那位司机。二十几台车都向后倒车,才换来单向的畅通,我理解他们的付出和对我的支持。

任何事情,都有一个先来后到的顺序,有一个主次的问题,我自然也不会忘了这一点。

我向南侧的车辆走去。一位司机打开车窗,见我来就打招呼:"兄弟,你过来什么事?"

"你看到西行的道路已经畅通了,车辆已经过去了,这个前提是牺牲了你们向东行驶的机会换来的,我数着向西行驶的车辆过了三十来辆了。一会儿,我去东边,让向西行驶的车辆暂停,你带头快速地向东通过这个堵车的地方。这样双向行驶的车辆交替通行,也比较公平,相信大家都能理解我的做法。"

遇·危·不·慌

"你真的适合当个领导,考虑得很全面。你放心,我听你指挥。"

我拍了拍他的肩膀,向东走去。

在我走到公路两侧麦子堆的东边之后,约莫过去了五十辆车,用时大约十五分钟,我拦住了正要向西行驶的一辆车。

那位司机一刹车,后面的车也跟着停了下来。

那位司机从车窗里探出头:"你拦住我的车干什么?"

"师傅您好,这个路段刚才堵车,您应该也知道。现在采用交替通行的方法,向西行驶的车辆已经过去了五十辆左右。所以,请您停一会儿,也让向东行驶的车辆过五十辆,这样大家都可以通行。委屈您一会儿吧。"

车上的那位司机略一思考:"行,听您的。"

"谢谢您,等向东行驶的车过五十辆,我去西边拦停后,等东向行驶的车过了这个路段,到时候您再行驶,好吗?"

"好!"

遇·危·不·慌

我看着最后一辆向西行驶的车辆驶过堵车路段,东向行驶的司机带头,向东驶过去。在路过我身边时,他打开车窗,向我竖起大拇指。

我有些感动,向他挥挥手,就此别过。一个陌生人,却在刚才是最好的合作伙伴。

我不知道他的名字,他也不认识我,两个人的萍水相逢,只是因为解决一次堵车问题而有这么短暂的交集,却也胜过了很多人,平庸相识的一生。

后面的车辆陆续有几个司机向我打招呼,也有开着车经过我身边时,向我鸣笛示意的。

我很开心能有他们的帮扶,一起解决这次的堵车问题。我向他们挥挥手,表达我的谢意。

我向西走去,也在查看向东行驶的车辆,有没有车辆的车轮,压到东西向的麦子堆。农民种地一年的收成,就是这些麦子。

车辆重,冲击力强,如果不小心有车轮压到麦子堆,会使麦子堆的农膜破裂,不仅会压坏麦子,也会灌进雨水。

两个人的萍水相逢，
却胜过很多人，
平庸相识的一生！

一句谢谢的话，可以温暖一个正在努力的人，成为他坚持下去的动力。

遇·危·不·慌

幸好是单向行驶,车辆的车轮离两边的麦子堆还有近一米的距离。这让我不用担心麦子堆被压坏了。

看着一辆辆车过去,我的心里是满满的成就感。走到西边堵车路段,我计算了一下通过的车辆,约有五十辆,我打算让下一辆车暂停,以便让向西行驶的车辆再过五十辆。

我站在刚要向北一转的车前,拦住车。我走向驾驶室,敲了敲车窗。

"您好!师傅,请您稍等一下。东向行驶的车辆已经过了约五十辆,让向西行驶的车辆也过五十辆后,再由您开始,带向东行驶的车辆也过五十辆,可以吗?"

那位司机不屑地看了看我。

"你谁啊?管得着吗?"

"我是谁不重要,只有交通畅行,才能确保不再堵车,这是前提。刚才的堵车您也经历过,大家都遵守有序交替行驶,会比堵车好很多,对吧?"

"你有病啊,不用在这里给我讲道理,你给我让开!"

遇·危·不·慌

　　我虽然很生气，但心中的火一直压着。因为通行才开始，不能因小失大。

　　"我是不会让你开车的，与人方便，于己方便。您就停一会儿吧。"

　　"自以为是的傻子！你也不看看你是什么样子！"

　　我听到这句话，一脸愕然。

　　让你停一会儿车，至于出口骂人吗？我看着自己全身湿透的衣服，是啊，自己就是别人眼里的傻子！

　　我站在他的车前，僵持了一会儿，向西行驶的车辆就已经开了过来，打头行驶那辆车的车窗打开了。

面对不理性的人，
要坚守原则。

　　这是最重要的，也是最难的。坚持就是胜利！到了最难受的时候，表明快要胜利了！

遇·危·不·慌

"谢谢大哥，辛苦您了！"

我朝他挥挥手，有些莫名的感动。世上，还是好人多，虽然有很多人看不到你的努力，但总会有人给你温暖、给你动力，让你去完成属于自己的使命。

我身前的那位司机又打开车窗："我听他叫你大哥，怎么，你自己家人过去了，现在也该我走了吧。"

我回头看着那位司机挑衅的眼神，而心里，却笑他的无知！

也是，大部分人看到的是你现在的状态，却不知道你的过去！哪怕是半个小时前的过去，他们也一无所知啊！他们在舒适的车里，哪里理解你的付出，你的坚持！

是的，任何一件事的成功，都需要付出和坚持，不是吗？这还不是主要的，常言说，有人的地方就有江湖，有江湖的地方就有是非，而这是非，则成为你前行路上的一个拦路虎。我们有时也要明白，人言可畏啊！

"他叫我大哥，那后面的人也打招呼，难道他们都是我的兄弟？刚才他们陪我一起把东向行驶的车辆劝着退后了三十多米,才把这堵车问题解决。你看他们身上的衣服有一件是干的吗?"

看到他脸上的表情由不屑转为愕然,到沉默,我的心也软了下来。

"你在原地等着,我在原地等着,是等不来拥堵转为畅通的。经过了这么长时间的等待,拥堵转为畅通,都是有人替你负重前行而已。好了,多说无益。过会儿,你看到我走到西边,拦停东向行驶的车辆后,待东行的车过完这段路,你开车过去就行。每次交替行驶,五十辆车。明白了吗?"

他看着我,一时没有说话。

"我问你,你听明白没有?"

"明白了,大哥!"

我听到后,头也不回地向西走去。

车辆的交替行驶已经四次了,我浑身都感到很累。身上的湿衣,也越来越沉,我感觉身体越来越冷。是啊,我已经在雨中淋了一个多小时了,疲劳的感觉,在大脑中传

遇·危·不·慌

递，我真的想休息休息，换件干衣服啊。看着公路上的车辆，我告诉自己还要再坚持一下。但一个意外的情况，让我瞬间感到了愤怒！

就在向西行驶的车辆过了五十辆的时候，当我站在第五十一辆车前的时候，这辆车却向旁边一打方向，就要绕我而过。

我用力拍打车窗，车停下了。车窗降了下来，一张熟悉的脸也露了出来。

是大姨家表哥！

"表哥，是你？"

"怎么？别挡我的车。刚才堵车，我车上的客户都等急了，快让开。"

"表哥，你听我说。堵车就是因为这里没有交通指挥，刚才也是由于我和几个司机疏导后，由双向车辆交替通行，才不堵车的。"

能带给你伤害的人，往往都是你最亲、最信任的人。

为什么？因为他们太了解你了，知道你的软肋，下手也知道你哪里疼。他们最有可能成为秩序的破坏者，而其他人都在等着看热闹，你只能对伤害一笑而过。这是做事的人最可悲之处。

遇·危·不·慌

还没等我说完,表哥就不耐烦地打断了我的话。

"你比交警还能?走开,别跟我叨叨。"

表哥加了加油门,把车强行从我侧面开了过去。后面车辆的司机见状,也有样学样,紧跟在表哥的车后面,车头接车尾,向西加速开去。

我从来没有想到,自己的亲戚,竟然成了交替通行秩序的破坏者!陌生人不帮忙,至少可以不添乱,但这么熟悉的亲戚,却不管不顾,向我发难,并领头破坏了刚刚建立起来的交替通行秩序。

表哥这样做,让我真的很伤心,一股深深的挫败感,从我心里升起。我感觉身体很疲劳,我还能支撑下去吗?

恍惚中,我觉得自己有些麻木了,看着向西行驶的车辆不断前行,鱼贯而去。

我看到东向行驶方向的第一辆车,向我打了一下灯光,我木然地摇了摇头。是啊,我该怎么回答他?

一旦秩序被破坏，
再多努力也于事无补。

——飒飒

　　在公德秩序面前，一次破坏足以让前面的所有努力都付诸东流。"破窗效应"是真的啊！

遇·危·不·慌

我能说我表哥破坏了规则,这让我忽然失去了维持车辆交替通行秩序的勇气?还是,我让他们顺其自然?这两个回答都不是我的选择。

我向东看了看,向西行驶的车辆估计还有六七十辆,而向东等待行驶的车辆,却还是看不到尽头。我该怎么办?

想到这里,我觉得,那就再做一次努力,坚决停止向西行驶的车辆,恢复交替通行,让交替通行秩序再建立起来。

我重新站到堵车点的东首,对迎面而来的车辆挥手示意停车,但是车没有停,向南略打一下方向,绕过我,继续向西行驶而去。

我有些不甘心,又对下一辆车挥手示意停车,结果和前一辆车一样,后面的车也是首尾相接,鱼贯而去。

连续几辆车,都没有停车,我无奈地看着远去的车辆。想了一会儿,我才明白。

经过堵车后的车辆,一旦通行,任你怎么说、怎么阻拦,都很难再将它们拦停。司机们被堵车堵得快疯了,一旦有机会，都会不顾一切地向前开车。他们都想尽快脱离堵车路段，以求早些过去。

这个情景，更让我自责，如果把表哥的车拦停，或许再有一两次交替通行，整个交通问题也就完全解决了。就因为表哥的不配合，导致了后面跟紧的车辆拦不住。现在想起来，真是千里江堤，溃于蚁穴啊。

雨渐渐地小了些，天气有转晴的趋势，天空的能见度也越来越好了，我的视野好了起来，能看到自家田地里建平的联合收割机还待在原地。

看看一身疲惫的自己，好吧，既然交替通行秩序被破坏了，我还是先让建平的联合收割机开起来，把麦子顺利地拉回家，这才是正事。我回到建平的联合收割机前，和建平一说，建平就同意了。

麦子堆的主人，遇到的问题有点像"城门失火，殃及池鱼"。鱼的主人如果有些许公德心，见到失火了，不考虑鱼的安危也应该参与救援；如果能想到失火带来的衍生灾害会伤及鱼，更会提上水桶去救火。所以，见到失火，义无反顾去救火是义务，因为谁也难以保证不受到火灾带来的伤害。如果抓住利害关系这一点，还可以提前找到麦子堆的主人，让他们参与到交通疏导中。

遇·危·不·慌

我回到公路上,让西行的车辆向南绕一点儿,然后指挥建平的联合收割机开到公路上。因为此外没有东行的车辆,建平的联合收割机很容易地转向,向东驶去,也就是向我家的方向。

我也去我的麦地里,把农用车开出来,尾随着联合收割机转向,这时听到了很大的争吵声。

我向着争吵声的地方望去,原来是堵车地段麦子堆的主人,正在对行驶的车辆进行谩骂。向西行驶的几辆车,有的车轮压到了他家的麦子堆,这让他火冒三丈,阻止所有的车辆通行。

堵车的时候不见他们出来疏导车辆,维护交替通行秩序时也见不到他们,我刚走了一会儿,他们就出来了?

也是,只要自己的利益不受损失,再怎么堵车也与他们没有关系,虽然,他们的麦子堆是这次堵车的主因。只要他们的利益不受损失,他们才懒得管什么交替通行秩序。

但，只要有车辆对他们的麦子堆压过去，造成了损失，他们立马就跳出来，维护自己的利益。这，没有什么可指责的。

但，社会的秩序是这样的吗？

我回过头来，开着我的农用车向家的方向行驶。是的，雨天渐渐结束了，淋了一个多小时的雨，我不仅仅是身心疲惫，更多的是心有余而力不足了。

再说，向西行驶的车辆在堵车路段也不过十几辆了，主要的是堵车路段以西向东行驶的车辆多。我相信，随着天晴，他们也会很快通过这个堵车路段的。

身后的吵架声音越来越小，希望司机开车时多注意，一切都会畅通起来的。

见义勇为的英雄,在通行秩序被破坏之后,也选择了退出,回归自己小家的利益。这是人性的自私冷了好人的心,是无序的社会习惯压倒了小小的善良。但这一切终归会随着公民道德水平的提升而改善。这也是大众应当思考的一个话题:在堵车危机中,我们每个人扮演了一个什么角色……

角色自述

遇·危·不·慌

一、帮忙的司机

突如其来的暴雨，导致畅通的公路发生了拥堵，公路上堆着像小山岭一样的麦子堆，开车可不能碾压，毕竟这是农民一年的收成。但不压麦子堆，就只能停车，等来向的车过完了，才能开车过去。

我看到一个男子来回走了两圈，心里不禁疑惑：他是干什么的？要做什么呢？当他敲我的车窗时，我心里有点不情愿开窗。因为一开车窗，外面的暴雨就会灌进车内，把座椅和我的衣服淋湿。

不过，我还是打开了车窗，看他有什么事要跟我说。原来他是请我和他一起去疏导交通。听他说完他的想法，我犹豫了一下。虽然遭遇堵车，但我在车内没什么损失。如果和他一起去疏导交通，肯定会被淋成落汤鸡，搞不好，回家就感冒了。但听他的计划，确实可以解决堵车的问题。

再一想，利人者利己。和他一起去做这件事，不仅可以疏导交通，我本身也是受益者，我可以很快开车回家。特别是他挺身而出来解决堵车的事，并不是一时冲动。看他身上的衣服都湿了，他的无私感动了我，我决定和他一起去做其他司机的思想工作。

让我特别感动的是，他在疏导完堵车后，自己仍在堵车路段指挥车辆交替通行。暴雨中的他，让我敬佩，他在做的事，只利人，不利己。

二、破坏者

堵车这么久，坐在我车后排的乘客，一直在抱怨，说我不该走这条路。最近是麦收季节，几乎所有的公路上都有晒小麦的，今天暴雨来得突然，堵车在所难免。遇到堵车，我能有什么办法？谁愿意遇到堵车呢，我也不想啊，堵车还耽搁我赚钱。

堵车疏通后刚过不久，一个人站在我车边，敲我的车窗。我一看，是三姨家的表弟，他被淋得像个落汤鸡一样。他说让我停车,等对面的车过五十辆时,我再走。

他是不是有病?别人的车都过去,凭什么拦我?

车后排的乘客又在唠叨,说去车站晚了点,再不走就要给公司打电话投诉我。我心想:哎,还是走吧,开车绕过表弟就行了。但即便车擦着了他的腿,他也不后退一点,真是一根筋,倔驴。

三、开联合收割机的建平

天气预报说有暴雨,局部大暴雨,说得真准,说下就下了。割完这一家的麦子,雨就下大了,但是公路上堵车,联合收割机开不上公路怎么办?

这一家的男主人说去看看。等了好久,我看到向西行驶的车辆开动了。过了一会儿,向东行驶的车辆也过来了。他去了一个多小时,原来是去疏导堵车了。他回来时浑身都是雨水,估计回家要感冒了。

像他这样的人不多了,我开联合收割机去外地割麦子时，经常遇上来刁难我们割麦子的人，但又不敢惹他们。如果人人都像他一样，人间就没有困难了。社会上号召人人见义勇为，但我们需要的不仅仅是见义勇为，而是人人都要见难有为，这才是社会和谐的基础。

四、麦子堆户主

　　上午十点晒麦子，下午两点就要下雨，天气预报说是暴雨。黑云在西边的天空一出现，风一刮，我就知道雷雨来了。没办法，抓紧时间把麦子堆起来。一条公路，我兄弟家在路中心以南晒麦子，我家在路中心以北晒麦子，中间留够单向过车的距离。等我把麦子堆起来，盖好农膜，雨就下大了。我回家换了件衣服，穿上雨衣回来，刚好看到一辆车向西行驶，车轮压到盖麦子的农膜上。我当时就急了，拦住那辆车不让它被开走。

　　我很生气，说让那位司机赔钱，不过麦子看情况没什么事。其实，我不是非让那位司机赔钱，而是看不惯那位

遇·危·不·慌

司机开车压了我的麦子,却当作什么都没发生,且拒不认错。更让人生气的是,那位司机还和我顶嘴,真是让人火冒三丈。

本想大骂这个无礼的司机,我兄弟过来劝道:"只要麦子堆没有大问题,就让他走吧。吵架只会让自己生气,这下大雨的天,他就是开车跑了,你也没有办法。"在兄弟的劝说下,那位司机向我道了歉,这事就过去了。

刚才看到一个人在这里维持秩序,现在也不知道去哪里了。他在的时候这里的交通情况好好的,他一走,这些司机就又开始乱开车。人啊,就是欠管教!

五、盲从的司机

大暴雨中遇上堵车,是最令人心烦的事。等了半个小时也不见有通车的迹象,我就按了几下汽车喇叭。随着喇叭声的响起,别的车也相继响起了喇叭声,此起彼伏的喇叭声,更加令人心中烦躁。

遇·危·不·慌

大约过了半个小时,看到对面陆续行驶过几十辆车后,我前面的车开始启动,向前行驶。我赶紧启动汽车,紧紧地跟了上去。可是向前行驶了约两百米后,前车又停了下来,不知道前面发生了什么,我又陷入了未知的等待中。对向又行驶一队车辆后,我同向的车也向前行驶了一段时间,难道是交替通行?

前面走来一个穿雨衣的人,敲了敲我前车的车窗,示意停车。听两人对话,穿雨衣的人让前车停车,还跟前车司机是亲戚,管前车司机叫表哥。前车却绕过穿雨衣的人,向西驶去,我见状赶紧跟了上去。穿雨衣的人试图拦住我的车,我也像前车一样,向南一拐,绕过穿雨衣的人,紧跟上前车。

我最烦堵车,特别是暴雨天气中的堵车,更让人感觉无助与心烦。堵车久了,只要能够向前行驶,我肯定紧紧跟着前车前行。如果这时候有人来拦停我的车,我也肯定不会停下。我为什么要停车?把我拦停了,后面车那么多,他们还不把我骂死!

后记

遇·危·不·慌

每个人都会经历很多事情，每一件事情都是一个历程。当然，每一个历程都是不同的，但正是这个不同，才是最令人无从预防的，也是没法做预案的。没有预案的事情，总是充满了惊险，不是吗？一如现在每个人所处的网络社会，你的一言一行都要有度，因为一个不慎，就有可能令你面临网暴，令你的形象、名誉受损，甚至面临灭顶之灾，企业也是如此。

我在22岁时的一个经历，让我至今仍然无法忘怀，随着时间的流逝，反而更加清晰起来。这个经历，我其实一直想写出来。

二十多年来，我几次欲动笔，却总是不得要领，就相继放弃了写出来的念头。这里有以下几个原因。

一是我的文笔不怎么好，在对整个故事的描述上，总是有些词不达意，导致故事的可读性差，从而失去了启迪性与借鉴意义。

二是我的这个故事，虽然是自己的亲身经历，至今记忆犹新，历历在目，但即使这样清晰的事情，动笔后，却如同老虎吞天，无处下口。

三是扪心自问：我的这个故事，写给谁看？谁会看？

以上三个原因，导致这段经历，一直拖到现在，我才下定决心把它写出来。

去年，我出版了《社会秩序史与未来——把脉历史脉搏窥见未来社会秩序》《创新引领未来——从理论到应用看创新轨迹》《从普通到优秀——中国中小企业成长之道》，而今年我出版了科幻小说四部曲的第一部《睿乘密码》。在完成科幻小说四部曲的第二部《偷月计划》的撰写之后，我的思绪又回到了自己经历的这个故事上，又有了把这个故事写出来的欲望，这次我说做就做！

我以前想写这个故事，却没有想好书名，以致几次都

遇·危·不·慌

无功而返。前几个月，我把这个事情做了一个理顺，让这个故事的主线明确了起来，并借鉴《谁动了我的奶酪2》这本书，想通过"小故事、大哲理"的形式，给读者有益的启迪。

明确了故事的主线，我给自己要写的这本书取名为《遇危不慌》，使书名恰如其事。我给广告设计师打电话，请其先设计一版书的封面出来。不到两个小时，如我心愿的封面就被设计好了。看着心仪的封面，我的心情激动不已，这更坚定了我的信心，这次一定要把故事写完。

虽然我有几部书的写作经历，但拖延症不时在犯，我往往借大量的读书来逃避摆在面前的工作。直到前些日子，我在手机上看到不少名人、企业及焦点事件的当事人因为被网暴而狼狈的样子，特别是刘润的年终演讲因数据引用不当，一夜被掀下神坛，不由想到，如果我把故事写完并出版，给他们以启迪，让他们采用适当的应对方式，是不是就可以有效地应对危机？如果他们能够冷静下来，

遇·危·不·慌

想办法应对，至少可以减少失误，而不是任凭舆论火上浇油，让自己陷入万劫不复的境地。

想到这些，想到越来越多的人、越来越多的企业，今后仍然会陷入危机公关经验不足的境地，会面临压力时出现慌乱与手足无措，我感到，我有责任去尽快把这个故事写出来。压力就是动力，责任就是推力，这就是我动笔写出这个故事的主因，希望此书能给读者带来启迪和借鉴。

刘义军

2024 年 8 月 8 日写于道然天府